Bro a Bywyd
Kate Roberts

Golygydd/Derec Llwyd Morgan

Cyngor Celfyddydau Cymru 1981

Rhagair

Llyfrau, nid lluniau, Kate Roberts sy'n bwysig. Ac y maent mor
gyfoethog a phwysig â gwaith yr un llenor arall a ysgrifennodd yn y
Gymraeg yn ystod y ganrif hon. Ni wadai neb iddi ei lle ymysg ein
clasuron mwyaf mawr. Drwy'i straeon a'i nofelau creodd fyd a ddylai fod
yn adnabyddus i bawb sy'n ymddiddori yn ein llenyddiaeth. Gellir
dweud, yn arwynebol, fod i'r byd hwnnw ddwy ran, — y naill wedi'i
hadeiladu ar ei hadnabyddiaeth fyfyrdodus a'i dehongliad hi o fywyd
Arfon ei phlentyndod a'i hieuenctid, a'r llall ar fywyd cyfoes mewn mân
drefi fel Dinbych a'i thebyg. Yr hyn a geir yn y llyfryn hwn yw cyfres o
luniau sy'n ei gosod, yn hanesyddol, yn y llefydd hyn, ac yn nhri o'r
llefydd — Ystalyfera, Aberdâr a Thonypandy, — y bu'n trigo ynddynt
rhwng cyfnod Arfon a chyfnod Dinbych.

   Mewn llyfr o'r math yma nid oes dim modd mapio'r byd celfyddydol a
greodd Kate Roberts, sef byd teimladol a meddyliol ei chymeriadau; ni
ellir ychwaith gyfleu dim o'r artistri mawr a'i galluogodd i droi hanes,
digwyddiadau bywyd a'r myfyrdod arnynt, yn gyfrodedd dychmygol o
wirionedd oesol. Llyfr da o feirniadaeth lenyddol biau cyflawni'r campau
hyn. Kate Roberts yn ei dillad bob dydd sydd yma, yn ei 'dillad gwaith
arall' megis. Ond gan ei bod hi'n llenor mor fawr, ni all y llyfryn hwn lai
na bod yn ddifyr, ac weithiau'n ddadlennol.

Derec Llwyd Morgan

1. Dr Kate Roberts, 'brenhines ein llên'.

2. 'Fy ardal'.

2

Y don wen

[Pennod II

[Fy ardal

[Mae pentref Rhosgadfan, lle y ganed fi, ryw bedair milltir i'r de-ddwyrain o dref Gaernarfon. Pentref gweddol ifanc ydyw, rhyw ymestyniad o bentref Rhostryfan, sydd filltir yn nes i'r dref. Nid oes dafarn nac eglwys yno, dau beth sy'n rhoi argraff hen aint ar bentref. Mae pentref Rhostryfan dipyn yn hŷn, mae yno eglwys, eglwys braidd yn ifanc mae'n wir, yn ôl fel y mae oed eglwysi. Ond mae yn Rhostryfan heddiw bobl sy'n gallu olrhain eu tras i hen deuluoedd a fu'n byw yno er o leiaf ddau gan mlynedd, megis teuluoedd y Gaerwen a Chae Haidd. Credaf fod llai na chanmlynedd er pan alwyd ein pentref ni yn Rhosgadfan, ac i bobl o'r tuallan, ardal Rhostryfan oedd y cwbl. Rhydro o gwmpas 1880, dywedodd y Parchedig Robert Owen, y Rhyl, (apostol y Plaid) mewn llythyr, mai yn Rhos-y-galfa y buasai'n pregethu y tro olaf. Mae tŷ o'r enw Rhosgadfan yn y pentref, tŷ hen iawn, a digon posibl mai ar ôl enw'r tŷ y galwyd y pentref, er na ellir bod yn ddigon sicr o hynny

4

4. 'O'n blaenau mae Môr Iwerydd, Afon Menai a Sir Fôn, ac yn nes atom na hynny, Traeth y Foryd, Dinas Dinlle a thref Gaernarfon, a phant o dir rhyngom a hwy.' — *Y Lôn Wen*, t.26.

3. 'Ar lechweddau Moeltryfan a Moel Smatho y gorwedd yr ardal . . .', *Y Lôn Wen*, t.26.

5/6. Taid a Nain Bryn Ffynnon.

'Yr oedd arnaf ei ofn braidd am ei fod yn flaenor, nid oedd raid imi ofni ychwaith, oblegid hen ŵr rhadlon caredig ydoedd.'

'O'r mymryn a oedd ganddi fe roddai yn hael, caech groeso a charedigrwydd bob amser yn ei thŷ, ac ni wyddai pa bryd i stopio rhoi.'

Y Lôn Wen, tt.83, 85.

5

6

7. Teulu Pantycelyn (tua 1894): y gyntaf ar y chwith yn y rhes flaen oedd mam Kate Roberts. Ei thaid a nain Pantycelyn yw'r ddau sy'n eistedd yn y canol.

'Dyn gweddol dal, golygus ydoedd (fy nhaid), o bryd golau a llygaid glas; wyneb llwyd addfwyn, a rhyw ddifrifwch ynddo.'

'Yr oedd gan fy nain drwyn synhwyrus, beirniadol, y math o drwyn a ddisgwyliech gan feirniad llenyddol, ac yr *oedd* hi'n feirniadol, yn craffu ac yn sylwi ar bob dim.'
Y Lôn Wen, tt.76, 78.

8. Darlun olew o Gae'r Gors.

8

9

Y wyf yn bedair a hanner oed ac yr ydym yn
mudo o Fryn Gwyrfai i Gae'r Gors ar draws
y caeau. Y mae Mary Williams, sy'n dyfod
i helpu mam weithiau, yn cario Evan, y babi
yn y siôl, yn ei llaw mae Richard fy mrawd
arall, tair oed, ac y wyf innau'n cerdded wrth
eu hochr ac yn cario sosban. Dyna fy help i
yn y mudo. Mae dynion yn myned o'n blaenau
yn cario'r dodrefn. Yn union o'm blaen mae
dau ddyn yn cario gwaelod y cwpwrdd gwydr.
~~mahogani~~ (~~Sydd ym y parlwr ydd~~). Mae'r cwpwrdd
yn neidio i fyny ac i lawr yn berffaith gyson.
Nid wyf yn cofio cyrraedd Cae'r Gors na mynd
i'm gwely am y tro cyntaf yn ein tŷ newydd.
O dywyllwch i dywyllwch.

#

Y mae'n fore Sadwrn gwlyb, oer, dwirnod fy
mhen blwydd yn chwech oed. Mae mam newydd
lanau tua'r tân, ac mae tân risel coch yn y
grât. Safaf innau wrtho, ac er y gwres, mae
arnaf annwyd oherwydd y tywydd diflas.
Yr wyf yn crïo ac yn crïo, ac ni un am beth,
ddim ond efallai am ei bod yn ddiwrnod annifyr.
Yr wyf yn sicr nad am na chefais anrheg,
oblegid nid ydym byth yn cael amheuwon
pen-blwydd. Mae mam yn dweud bod y Brenin

9. 'Yr wyf yn bedair a hanner oed
ac yr ydym yn mudo o Fryn
Gwyrfai i Gae'r Gors ar draws y
caeau.'
Y Lôn Wen, t.7.

10. Elin Williams.
'. . . hen wraig dlos iawn, a
chanddi wallt gwyn fel gwlân y
ddafad, llygaid fel dwy eirinen a
bochau cochion glân.'
Y Lôn Wen, t.82.

11. Kate Roberts yn 8 oed, gyda
dau o'i brodyr, Evan (ar y chwith)
a Richard.

12

12. Ei thad, 'yn hen ŵr'.

'Pan wnâi fy nhad ryw swydd o gwmpas y tŷ neu'r caeau, fe'i gwnâi ar gyfer y ganrif nesaf, gan mor solet y byddai. . . . Bywyd o waith caled a gafodd, a llawer o ddiddanwch a helbulon yn gymysg.'

Y Lôn Wen, tt.92, 96.

13. David, ei brawd, a fu farw ym Malta yn 1917.

Saunders Lewis: ". . . beth yn union a'ch cynhyrfodd chi gyntaf i ddechrau sgrifennu o gwbl?"
Kate Roberts: "Marw fy mrawd ieuengaf yn rhyfel 1914-18, methu deall pethau a gorfod sgrifennu rhag mygu."

Crefft y Stori Fer, t.11.

14

14. Cae'r Gors fel y mae heddiw.

15. 'Mae arnaf ofn i do'r tŷ fynd.'
Y Lôn Wen, t.8.

16. Darn o'i disgrifiad o'i mam yn ei llaw hi ei hun. Gweler tudalennau 102-103, *Y Lôn Wen*.

15

3

Mawr yn gofalu am anfon glaw ar ddydd Sadwrn am nad oes ysgol.

#.

Y mae'r gwynt yn ubain o gwmpas y tŷ ac yn crio fel plentyn. Mae canghennau'r coed wrth y gaslas yn gwichian a chlywaf rai ohonynt yn torri'n gratsh. Ebwch mawr tawel a llechen yn mynd oddi ar do'r beudy ac yn disgyn yn rhywle. Mae arnaf ofn i do'r tŷ fynd. Ond nid oes rhaid inni ofni, yr ydym yn ddiddos yn y gwely a nhad a mam wrth y tân o dan y simdde fawr. Mae Duw yn y Nefoedd yn gorwedd ar wastad ei gefn ar y cymylau gwlanog, a'i farf yr un fath â'r gwlân. Y fo sy'n maddau inni am wneud drygau ac yn gofalu na chawn fynd i'r tân mawr. Ond nhad a mam sy'n rhoi bwyd inni a tho nad ydyn'n syrthio

#

16

5

[Buasai fy mam yn weddw am chwe blynedd a hanner cyn priodi â'm tad — collodd ei gŵr cyntaf pan oedd yn naw ar hugain oed, ac yn ystod yr amser hwnnw fe weithiodd yn galed i'w chadw hi ei hun a'i phlentyn. Âi allan i weithio i dai rhai mwy ffodus na hi ei hun, a gwneud pob gwaith. Y tâl a gâi am weithio o ben bore hyd tua chwech neu saith y nos fyddai swllt y dydd a'i bwyd, ac nid bwyd yr un fath ag a gaiff gwragedd heddiw. Ond fel heddiw byddai'r bwyd yn well mewn ambell le. Clywais hi'n dweud am un lle, a'i gwaith yn galed yno, y byddai'r wraig, cyrraedd gychwyn adref yn hel hen grystiau caled o waelod drôr y bwrdd mawr ac yn gwneud brywes iddi ohonynt, neu roi potes am ei pennau. Yr oedd gan y wraig yma ddigon o fodd i roi gwell bwyd. Eithr ni ddaliai dal ei hun fel gwrthrych tosturi a wnâi fy mam wrth sôn am y peth, gwelai y peth yn taflu goleuni ar gymeriad y wraig y byddai hi. Gallaf ddychmygu mam yn dweud wrthi ei hun, 'Merch Hwn-a-hwn a Hon-a-hon wyt ti, a 'dwyt ti ddim gwell na minnau.', ac yn mynd adref wedyn i'w bwthyn, yn gwneud tanllwyth o dân a sgram flasus iddi hi ei hun.

17

18. 'Pwy a fedr gael gwraig rinweddol?'

17. Ei mam, yn hen wraig.

'Yr oedd gan fy mam feddwl ymchwilgar. Cymerai ddiddordeb mawr ymhob dim, . . . Anaml y byddem ni yn tewi â siarad ar yr aelwyd, a chredaf, os rhoed i mi unrhyw ddawn i greu deialog mewn stori, mai dysgu a wneuthum ar yr aelwyd gartref, a mam fyddai'r prif siaradwr.'
Y Lôn Wen, tt.109, 110.

18

CATRIN ROBERTS

TACHWEDD 14, 1854 — CHWEFROR 1, 1944

Cyfieithiad y Parchedig Lewis Valentine o'r bennod olaf o Lyfr y Diarhebion, a ddarllenwyd ganddo ar lan ei bedd, ym Mynwent Rhosgadfan, Chwefror 4, 1944

Pwy a fedr gael gwraig rinweddol? Y mae hi'n werthfawrocach na'r cwrel. Calon ei gŵr a ymddiried ynddi, a lles mawr a fydd hi iddo. . . Elw nid colled fydd hi iddo holl ddyddiau ei bywyd. Y mae hi'n debyg i longau marsiandwyr sy'n cludo ymborth o bell. Cyfyd ymhell cyn y wawr er mwyn bwydo ei theulu gwêl fod diwydrwydd yn talu iddi. . . Ni ddiffydd y canhwyllau yn ei thŷ trwy gydol y nos. Nid oes arni hi ofn caledwaith . . . nid yw ei breichiau byth yn segur. Hael iawn yw hi wrth dlawd, a da yw yr anghenus wrthi. . . Diogel iawn yw ei safle hi—y mae hyder yn ei chwerthin gan ei bod yn gweld ymhell. Y mae synnwyr yn ei siarad, a diogelwch yn ei chyngor. Hi a graffa ar ffordd ei thylwyth o fyw—ni fwyty hi fara seguryd. Canmol ei phlant hi beunydd, ni flinant ar roddi geirda iddi. "Cyflawnodd," meddent, "lawer gwraig bethau gwych iawn, ond ni fu neb tebyg i ti." Twyllodrus yw ffafr—diflannu mae tegwch—cedwch eich teyrnged i ferch o gymeriad. Rhowch iddi'r clod a haedda ei gweithredoedd, a chanmolwch hi ar goedd am ei gwasanaeth."

19

19. 'Byddai (David Williams) yn fwy piwis os dôi i Rosgadfan i roi pregeth yn y prynhawn, yn enwedig os byddai wedi gorfod cerdded y filltir serth o Rostryfan. Yr oedd pob dim o'i le arnom wedyn. "Dau beth cas sydd ynoch chi tua Rhosgadfan yma, 'r ydych chi'n rhoi'r cloc y tu ôl i'r pregethwr, ac yn cau pob ffenest." Dro arall, "Petawn i'n dŵad i bregethu mewn potel i Rosgadfan yma, mi roech gorcyn arna i wedyn." '

Y Lôn Wen, t.50.

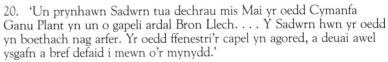

20. 'Un prynhawn Sadwrn tua dechrau mis Mai yr oedd Cymanfa Ganu Plant yn un o gapeli ardal Bron Llech. . . . Y Sadwrn hwn yr oedd yn boethach nag arfer. Yr oedd ffenestri'r capel yn agored, a deuai awel ysgafn a bref defaid i mewn o'r mynydd.'

Traed Mewn Cyffion, tt.70, 71.

20

21

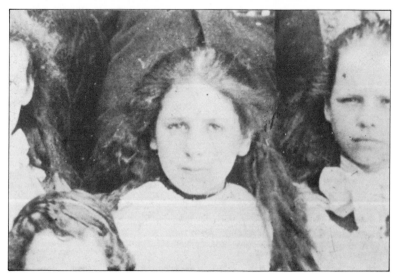

21/22. Kate Roberts yn yr ysgol, Ysgol y Cyngor, Rhostryfan, c.1900. Hi yw'r ail o'r dde yn y drydedd res.

23. Yn 1904 enillodd ysgoloriaeth i'r Ysgol Sir, Caernarfon.

'Yn y flwyddyn 1899 enillodd Owen ysgoloriaeth i'r Ysgol Sir. Gan mai dim ond chwech a gâi ysgoloriaeth y pryd hynny, a chan ei fod yn gorfod cystadlu yn erbyn plant y dref, ac yn gorfod ysgrifennu yn Saesneg, yr oedd hyn yn gryn gamp.'

Traed Mewn Cyffion, t.41.

23

24. 'Yr oedd Jane Gruffydd yn y dre tua chanol mis Medi yn prynu
bocs i Owen fynd i'r coleg. Cawsai ysgoloriaeth gwerth £20, a rhwng
hynny a rhodd yr adran hyfforddi gallai Owen ei gadw ei hun yn y
Coleg ar wahân i lyfrau a thâl y Coleg ei hun . . .
Aeth i mewn i siop yr *ironmonger*, oedd yn oer ar ôl y stryd boeth.
"Y rhain sydd yn y ffasiwn rŵan," ebe'r dyn, wedi iddi ddweud ei neges,
gan bwyntio at focs pren.
"Faint ydi hwnna?"
"Deg swllt ar hugain."
Dychrynodd Jane Gruffydd.
"Na, rhaid i mi gael un rhatach."
"Wel, dyma bethau a lot o fynd arnyn nhw," a dangosodd fasgedi gwellt
mawr, a'r caead yn cau am holl gorff y fasged. Gwelai y gwnâi honno'r
tro ond iddo roi ei lyfrau mewn bocs siwgr.'

Traed Mewn Cyffion, tt.114, 115.

25. 'Old Scholars of Carnarvon County School at U.C.N.W. 1910-11'.
Kate Roberts yw'r ail o'r chwith yn y drydedd res.

24

25

26

27

28. Kate Roberts, gyda chath yn ei chôl, ynghyd â'r merched a breswyliai yng Nghaederwen, Coleg Bangor, 1911-12.

'Adwaenem bawb ein gilydd, ac yr oedd y rhan fwyaf ohonom, fel yn y Coleg ei hun, yn siarad Cymraeg.'

Erthyglau ac Ysgrifau Llenyddol Kate Roberts, t.39.

29. 'Fancy Dress Ball, University Hall, 1912.' Kate Roberts yw'r 'Geisha Girl' â'r wyntyll yn ei llaw.

26/27. '. . . (trwy) John Morris-Jones ac Ifor Williams . . . y deuthum i i weld gogoniant a harddwch iaith fy nghartref a bod ei thras yn bendefigaidd, peth na'm gadawodd byth oddi ar hynny.'

Erthyglau ac Ysgrifau Llenyddol Kate Roberts, t.178.

29

Fancy Dress Ball University Hall 1912.

Y DDADL RYNG-GOLEGOL, 1913.

Miss K. Pugh.   Miss O. Rogers.   T. O. Williams.   E. O. Griffiths.   Miss E. J. Lloyd.   Miss D. J. Rowlands.

D. Jeffreys (Caerdydd).   R. J. Jones (Bangor).
R. Jones.   Miss K. Roberts (Bangor).   Syr Edward Anwyl.   Miss S. Lewis (Caerdydd).   G. Williams.

30.   Y dadleuwyr, a'u beirniad, yn y Ddadl Ryng-golegol, 1913. Y mae Kate Roberts yn eistedd ar ddeheulaw Syr Edward Anwyl.

31.   Kate Roberts newydd raddio.

32.   Ei thystysgrif athrawes.

31

32

Registered No. 13/3276

BOARD OF EDUCATION.

THIS IS TO CERTIFY

that *Katherine Roberts* was trained at the *Bangor University College, Elementary Training Department* for two years from 19*11* to 19*13*; that she passed an approved Examination conducted by *the University of Wales* in 19*13*, and passed the Board's Final Examination in *Teaching and Music* in 19*13*, and in other respects completed her Course of Training satisfactorily; and that she is recognised by the Board under the Code of Regulations for Public Elementary Schools as a Certificated Teacher, from *1st August 1913*.

Subjects in which the Student passed with Distinction at the Board's Examination.

Joseph A. Pease
President.

Sermon Phipps
Principal Assistant Secretary,
Elementary Education Branch.

This Certificate will be endorsed when the Teacher has completed a year's service in Elementary Schools as required by the Code for that purpose.

33. Staff Ysgol Dolbadarn, Llanberis (lle bu'n dysgu T. Rowland Hughes, y nofelydd).

34. Llun o Gwmni'r Ddrama yn Ystalyfera. Yr ail o'r dde yw David George Williams, tad Islwyn Williams yr awdur.

35. Copi o'r penillion a ganodd Tarennydd i Kate Roberts yn ei chyfarfod anrhegu yn Ystalyfera, 29 Hydref 1917.

Fyn'd eto yn y man:
Eich cartref fydd y nefoedd lân,
A hiraeth calon dwis yn gân
Er i'r dwygwyn di-ddeulyn wyneb lwrpio ei gorff, eto
welyo meddwl na allodd hi anafu yr enaid gwyn a
befrai yn ei lygaid siriol.
Blin genyf ymadael ohonoch o Ystalyfera. Treuliasom
lawer awr felys yn swyn barddoniaeth, a chawsom lawer
awr euraid yng nghwmni'r gynghanedd ber. Prudd
meddwl na chawn yr un munud eto. Erys eich cynghorion
ynglyn ar iaith Gymraeg byth ar fy nghof, ac er anghyfiawn
fy Nghymraeg, eto y priodolaf ei hychydig ragoriaethau hi
ichwi yn fwy na neb arall.
Diolch o galon ichwi am eich trafferth i anfon y llyfryn
Wrth daflu wybdwn drosto, gwn y bydd o werth difesur inni
yn yr Arholiad, a chewch ef yn ôl yn ddiogel ar ôl imi ei
orffen.
Diolchaf hefyd am eich dymuniadau da imi, ac ni fydd
ond pleser genyf garw allan eich cynghorion adeiladol.
Wrth daflu cipolwg dros bapurau yr Arholiad, deuthum
ar draws cwestiynau fel hyn: "Give the etymology + history
of the following words — assu, brwyd, eythraul, croessaw, distawedd
ac hyn yw yr unig beth a'm blina ynglyn ar (iaith) Gymraeg
Dymunaf bopeth yn dda ichwi yn eich lle newydd, ac
oes hir o wynfyd heb un cwmwl arall yn ei thywyllu.
Gyda'r cofion melysaf
David.

Sef Gwenallt

O.Y. Byddwch cyn genedicaeth ag ysgrifennu yr hen "Hanes
goberffaith (Pluperfect) o myned hwelig nad yw yn 'llyfr y
Gramadeg'

Llythyr oddi wrth Gwenallt   Pontardawe
Pan oedd yn flaenor ysgol. K.R.   Awst 20fed 1919.

Annwyl Athrawes,
    Cydymdeimlaf yn fawr a chwi yn eich
galar dwys, ac er fod llawer yn yr wrthyw amgylchiadau a
chwi, eto ni leiha hynny eich galar chwi. Sudd y natur
ddynol o hyd yw edrych ar ochr ddu marwolaeth, ond
hyfryd meddwl fod dalen wen i farwolaeth. Dywed y Beibl
mai "Gwyn fyd yw y rhai sydd yn marw yn yr Arglwydd"
Pan glybu fy nhad am eich helynt blin, fel yma y canodd ef
    Na flina di, fy chwaer,
        Dy frawd sydd eto'n fyw;
    Ei anwel ysbryd claer
        Sydd megis angel Duw
    Yn 'hedeg yn yr awel rydd
    Ogylch dy fywyd nos a dydd.

    Nid gwaed a chnawd yw dyn,
        Ond darn o Dduw yw ef;
    Yn ysbryd ar ei lun
        Yng ngole dydd y Nef.
    Preswylydd denfydd yn ei wyn,
    A'i ffordd uwch niwl a nos y glyn.

    Sych di dy ddeigryn clir,
        A chwyd dy galon wan,
    Cei dONg dy fywyd pur

36. Copi o lythyr a anfonodd David (James Jones, sef Gwenallt), un o'i chyn-ddisgyblion yn Ystalfera, at Kate Roberts adeg marw'i brawd ieuengaf.

37. Noder y cais yn yr 'Ôl Ysgrif': 'Byddwch cyn garediced ag ysgrifennu yr *hen* Amser Gorberffaith (Pluperfect) o myned.'

38. Staff Ysgol Sir y Merched, Aberdâr. Yma yr oedd pan gyhoeddodd ei llyfrau cyntaf, *O Gors y Bryniau* (1925) a *Deian a Loli* (1927).

39. Llun o Kate Roberts a dynnwyd yn Aberdâr.

40

DEPARTMENTAL COMMITTEE ON WELSH.

Summary of the Evidence of Miss Kate Roberts, B.A.

County School, Aberdare.

1. Teachers of Welsh should believe in its educational value. To create enthusiasm in the teacher is one of the greatest problems which confront us today; and to be possessed of this enthusiasm, a teacher must have a competent knowledge of Welsh literature - poetry and prose. The witness confessed that her own knowledge of Welsh literature had been of great use to her in her teaching, compensating for the fact that she had not had a course of training in Welsh teaching method.

2. The witness deplored the fact that many teachers of Welsh are quite ignorant of what is being turned out in modern Welsh literature.

3. Generally speaking Miss Roberts has had little or no help in her work from the elementary schools as far as pre-liminary training is concerned; but there are one or two schools in Aberdare which are exceptions. Practically all this training is supplied by the Sunday schools and the parents.

4. A scheme of Welsh studies is of little value unless it is supported by the enthusiastic good-will of the Headmaster of the School.

5. With reference to the annual examinations of the Central Welsh Board, it is the witness's experience that the Grammar paper is usually of too elementary a character, and on account of this fact the pupils do not acquit themselves in it as well as might be expected. E.g. in 1925 paper the questions were confined to the Noun, Adjective, Verb (verb "to be" mostly) and mutations. No question was given on the Personal Pronoun, Relative Pronoun, Preposition or Adverb.

41

6. The Welsh texts prescribed for study are not, as a rule, too elementary. As far as poetry is concerned, a book that has produced the best results in the school is the anthology of modern Welsh poetry "Telyn y Dydd".

    If the matter of a reading text is interesting, the difficulty of vocabulary can be easily overcome.

7. There are 290 pupils at the School, and all take Welsh. Pupils proceeding to Training Colleges from the School have generally taken up an advanced Welsh course. No objections have been received from parents on account of their children taking Welsh at School. As a general rule, Welsh pupils find French easier than English pupils, both in regard to pronuncia-tion and construction.

8. It has been found that a child's attitude towards Welsh is more favourable after it has entered upon the study of the language.

RECOMMENDATIONS.

(1) An exhibition of modern Welsh school books, which could be circulated among the towns and villages of Wales, would be of considerable benefit to teachers of Welsh and would create enthusiasm on the part of the public.

(2) The County School magazine might considerably assist the movement of increasing the sale of Welsh books by the inclusion of reviews and shorter notices of new volumes.

2.

40/41. Crynodeb o'i thystiolaeth gerbron un o bwyllgorau'r Weinyddiaeth Addysg.

42. Kate Roberts gyda'i brawd Evan, a gawsai ei saethu drwy ei ysgyfaint yn y Rhyfel Mawr. 'Setlodd y sharpnel wrth ei galon o.'

43. Morris T. Williams, Y Groeslon, Arfon. Priododd ef â Kate Roberts ym mis Rhagfyr, 1928.

44. Ysgol Haf gyntaf y Blaid Genedlaethol, Machynlleth, 1926. Kate Roberts yw'r pedwerydd eisteddwr o'r chwith.

'Fe ffurfiwyd Cylch Merched o dan ei llywyddiaeth hi yn ystod Ysgol Haf Machynlleth . . .'

Cassie Davies yn *Kate Roberts: Cyfrol Deyrnged*, t.200.

42

43

44

45

45. Yn Aberdâr y tynnwyd y llun portread hwn hefyd.

46. Kate Roberts gydag un o'i dosbarthiadau yn Aberdâr.

'Ni chyfyngodd Miss Roberts ei hegnïon erioed i'r dosbarthiadau'n unig. Yr oedd yn gymeriad amryddawn, aml-ochrog. Pan fyddid yn llwyfannu drama yn yr ysgol, Miss Roberts oedd y prif golurwr . . . Wedyn, ar ddydd y Mabolgampau, yr oedd yn fawr ei chyfran . . . yn stiwardian ar y cae, yn gwisgo sgert blod, Albanaidd a siwmper werdd, a smart iawn yr edrychai'.

Olwen Samuel yn *Kate Roberts: Cyfrol Deyrnged,* tt.186-7.

46

47. Ysgol Haf y Blaid yn Llandeilo, 1928, Kate a Morris Williams yn eistedd yn y canol. Lewis Valentine a Robert Williams Parry sydd ar law chwith Morris Williams.

48. O'r chwith i'r dde: Prosser Rhys, Kate Roberts, Saunders Lewis, Mai Roberts, Major Jack Edwards. Yn Aberystwyth, tybed?

47

48

49

49. Morris T. Williams yn pwyso ar garreg fedd Thomas William, Bethesda'r Fro.

50. Cymdeithas Myfyrwyr Bangor yng Nghylch Caerdydd, ar wibdaith. Kate Roberts biau'r wên letaf.

'. . . nid mwynhau'r cymdeithasau yma oedd ein holl fywyd. Trwy ddarllen llawer fe'm paratois fy hun ar gyfer ysgrifennu storïau ac yn ystod y cyfnod yma yr ysgrifennais *Laura Jones*.'

Erthyglau ac Ysgrifau Llenyddol Kate Roberts, t.43.

51

51. Yng nghefn y tŷ yn Kenry Street, Tonypandy. Dyma Morris Williams a Mati (Prichard) . . .

52. . . . a dyma Kate Roberts a Caradog Prichard.

53. . . . a dyma Morris a Kate, fraich ym mraich.

54. Cwmni Drama Tonypandy, tua 1934. Kitchener Davies sy'n eistedd yn y canol; y tu ôl iddo y mae Mair, a ddaeth yn wraig iddo.

'Mae Kitchener Davies yn enghraifft deg i mi o lenor na chafodd amser i wneud chwarae teg â'i ddawn oherwydd iddo rannu ei amser rhwng Plaid Cymru a llenyddiaeth.'

Erthyglau ac Ysgrifau Llenyddol Kate Roberts, t.152.

54

55

56

CYFARFOD CROESO

I

SAUNDERS LEWIS
LEWIS VALENTINE
D. J. WILLIAMS

O GARCHAR WORMWOOD SCRUBS

PAFILIWN, CAERNARFON, SADWRN, MEDI 11

(Agor, 5.30; Cerddoriaeth, 5.45; Dechrau, 6)

TOCYN
MYNEDIAD
I MEWN

GWNEIR
CASGLIAD
AT Y COSTAU

55. 'Y torfeydd yn dylifo i'r cyfarfod amser maith cyn amser dechrau. Y wefr a deimlid drwy'r dorf wrth ddisgwyl, ac yna'r fflodiat yn agor pan ddaeth y tri i'r llwyfan. Y canu ardderchog o deimladwy o dan arweiniad Mr. Ffowc Williams. Yna'r areithiau, y gymeradwyaeth, y brwdfrydedd na bu ei debyg erioed yn yr hen bafiliwn, er i rai areithiau mawr gael eu rhoi yno. Cyfarfod mawr yng ngwir ystyr y gair . . .'

Erthyglau ac Ysgrifau Kate Roberts, t.375.

56. Llun a dynnwyd 'cynta' i mi ddod i Ddimbach', 1935.

57

57. Caradog Prichard a Prosser Rhys. Deuai Caradog Prichard i Ddinbych yn aml i ymweld â'i fam yn yr ysbyty; lletyai weithiau yn Y Cilgwyn. Daethai Prosser Rhys yn olygydd Y *Faner* yn 1923.

'. . . Ond ni chafodd fod yn rhydd a di-lyffethair yn ei ysgrifau hyd oni symudwyd Y *Faner* yn ôl i'w hen gartref yn Ninbych yn Ion. 1939.'

Y *Bywgraffiadur Cymreig 1941-1950*, t.49.

58

58/59.   Hen gartref *Y Faner*, a phrif stryd Dinbych fel y mae heddiw. Prynodd Morris Williams Wasg Gee yn 1935.

60.   Gyda'r Dr. Ll. Wyn Griffith ar faes Eisteddfod Genedlaethol Dinbych, 1939. Cyfieithodd ef nifer o'i storïau i'r Saesneg.

61.   Mewn cinio a drefnwyd yn Ninbych i anrhydeddu'r bardd mawr T. Gwynn Jones, sydd yn eistedd ar y chwith i Morris T. Williams.

62.   Gyda Tos, 'fy nghi cynta' i.'

62

61

63

63. Y Cilgwyn, Dinbych.

'. . . ymhen deuddydd wedi symud i'r tŷ newydd, prynasom gi . . . Kenny oedd ei enw. Penderfynasom ninnau ei alw yn 'Tos', ar ôl yr adroddiad hwnnw a ddysgem pan oeddem blant:

Os gwelwch Tos ci Bili bach,
Mae'n gi mor wrol ac mor iach.'

Erthyglau ac Ysgrifau Llenyddol Kate Roberts, t.46.

64. Ar ymweliad â'r "Berth" gyda Morris a Tos, Ebrill 1939.

64

65

CINIO CANMLWYDDIANT

"Baner ac Amserau Cymru"

YN Y CROWN, DINBYCH

NOS WENER, AWST 20, 1943

Cawl Tomato

*

Cig Oen wedi ei Roftio a Saws Mint

*

Tatws wedi eu Berwi a Phys

*

Pwdin Marmaléd

*

Caws a Biscedi

*

Coffi

65. Dathlu canmlwyddiant hen *Faner* Thomas Gee.

66. Bu farw Morris T. Williams yn gynnar yn 1946, a chanodd R. Williams Parry bedwar englyn ar ei ôl. Y pedwerydd ohonynt yw hwn, "Y Cyfaill Coll":

Mae gwaeth afon na Chonwy — i'w chroesi,
Echrysach nag Elwy
Ac Aled, cyn y'i gwelwy';
Nid ymddengys Morys mwy.

Cerddi'r Gaeaf, t.86.

67. Darn o lawysgrif *Stryd y Glep*.

'. . . yn 1946, . . . syrthiodd fy myd yn deilchion o'm cwmpas. Y pryd hynny y dechreuais edrych i mewn i mi fy hun, a'r canlyniad cyntaf oedd *Stryd y Glep*, lle y disgrifir ymdrech enaid dynes.'

"Rhwng Dau" (K.R. a Lewis Valentine) yn *Seren Gomer*, LV, 4, 1963.

67

Pan sonia Joanna, mai ei motto mewn
bywyd yw 'Service', ffela yn dweud, "Gwnaeth
imi ddeimlo chwysu drosof, mae
^ Clywed hynny
^ dweud peth fel yma / yn gwneud i chi
deimlo nad oes arnoch eisiau ei glywed
mwy nag oes arnoch eisiau gweled
rhywun yn newid ei goryo.

* Peth hypdd yw amser. Dyna'r mwynryn hapusrwydd
a gefais i heno, petawn i'n ceisio ei gael eto
yn hollol yr un fath ni fedrwn, er imi gael
pob dim   yn un fath, y bwyd y llestri a
phopeth. Mae'n debyg y byddai fy whiffais
i yn wahanol, ac ni fel y mwynheais
ef y tro cyntaf y mwynhawn ef y eildro.
Ac eto fe erys yn fy nghof yn hollol yr un fath ag
y digwyddodd. Ond a ydyw rhywbeth
y werth yr groff os na ddelir ef

23

ar y ffrodd, ei gweld yr dhws dhigon o ysfellood, ef
gwallt gwyn ai llygaid lliw eirin, ar ffrio wedi
rhoi gwrid i'w bochau; ai gweld ei yn eistedd
o goffi y eistedd mor urddasol wrth y burdd
ai bore yn sgwrio lluniau tira'n gwgni gefn. Methu
gwybod sut y daliai i edwych mor 'serene' trwy
bopeth. Meddol peth mor hoffus oedd gweld Dan y
ei helpu i garrio'r llestri diwodd wedi gorffen
ac yn cynnig eu golchi efo hi. "Na sena di" efo
ffela" meddai hithau. Ond ar hynny dyma
John adre oddi wrth y trên, a dyna
ryw nodyn cras i'r angylchiad (mynegaf
rywbeth yn thos Oho y far mewn iais
yr well na 'hynny')
a gwyddwn fod fy hapusrwydd drosodd
am y noson honno. Yr oeddwn wedi   fel
cael rhyw petawn wedi dwyn aur o
hapusrwydd   o dan drwyn ffawd,
ac fel petai ffawd wedi   mwynau
eisiau fy fy nal yn ei ddwyn.
Ni wn pam, yr ydym i gyd wedi
cyd dyn ef Dan er pan oeddym

68

68. Ar Bwyllgor Ymgynghorol y BBC, o dan gadeiryddiaeth T. H. Parry-Williams, 1948.

69. Dal ati gyda Gwasg Gee a'r *Faner*. Kate Roberts a Gwilym R. Jones wrth eu gwaith.

'Byddai'n dod i'r swyddfa yn bur gynnar ar y dydd a'i chydymaith teyrngar, Bob, y daeargi, yn rhwym wrth dennyn ganddi. Agorai'r drws bach a oedd yn cysylltu hen ystafell Thomas Gee (a'i hystafell hithau) â'r ystafell olygyddol, a thrwy'r agen gul honno y trafodem broblemau'r swyddfa a chwestiynau'r dydd.'

Gwilym R. Jones yn *Kate Roberts: Cyfrol Deyrnged*, t.192.

69

70

70. Ar ôl colli Tos, 'yr oeddwn yn benderfynol o wneud heb gi'. 'Ond dywedwn wrthyf fy hun, "Petawn i'n cymryd ci eto mi galwn o yn 'Bob'." 'Petawn' amhosibl oedd y 'petawn' yna, gan mor gadarn oedd fy ewyllys . . . Modd bynnag, daeth gwraig at y drws ymhen chwech wythnos, a gofyn a gymerwn ei chi, ei bod yn mynd i gadw geifr, ac os na châi rywun i'w gymryd, y byddai'n rhaid gwneud ei ddiwedd. Mor benderfynol oeddwn na chymerwn gi fel y gofynnais i ffrind ei gymryd ac addawodd hithau. Pan ofynnais beth oedd ei enw, "Bob" oedd yr ateb. Ond ni feddalhaodd hynny fy nghalon ar y foment. Eithr ymhen tridiau gofynnais i'r ffrind a gawn i Bob.' —

Erthyglau ac Ysgrifau Llenyddol Kate Roberts, t.55.

71

72

Cyngor yr
EISTEDDFOD
GENEDLAETHOL
Hyn sydd i arwyddo bod

Kate Roberts

yn fuddugol yn Eisteddfod
Genedlaethol Dolgellau 1949,
yng nghystadleuaeth rhif

Gwobr y Llyfr Cymraeg goreu

Arwyddwyd dros Bwyllgor Gwaith y Cyngor

Cadeirydd

Ysgrifenyddion

Dros y
Pwyllgor Gwaith Lleol

Cadeirydd

Ysgrifennydd

73

Pennod XXVII

Italic

Marwwlwch Tad… a

Dyna fi mewn tŷ gwag heb na
chadair na bwrdd, yn sgrifennu
ar fwrdd y ffenestr yn y gegin. Mae'r
tŷ yn edrych yn ofnadwy ar ôl tynnu'r
pictiwrs a myned â phob dim o'i le.
Edrychai'n dangos del cynt, ond
mae fel sgerbwd rŵan a'i gnawd
wedi myned. Mi gefais i amser digon
hapus yn yr hen dŷ yma er mai
hapusrwydd wedi ei wyngalchu ydoedd.
Wrth ysgrifennu hwn yr ydwyf wedi
cael gwir hapusrwydd, am fy mod
yn ysgrifennu a'm llygaid yn agored.
Erbyn hyn ni wn yn iawn pam
y ysgrifennais. Fe wyddwn ar y
cychwyn, ysgrifennu yn fy iaith
yr oeddwn y pryd hwnnw er mwyn
medru byw o gwbl, fel dyn yn
gafaelfan i'r ddaear. Ond yr wyf

71. 'Y Llyfr Cymraeg goreu' oedd *Stryd y Glep*, 1949.

72. Kate Roberts ar faes yr Eisteddfod Genedlaethol.

73. Mwy o'r 'dadansoddi mewnol' a gafwyd yn *Stryd y Glep*, yn nyddiadur Lora Ffennig yn *Y Byw sy'n Cysgu* (1956).

74. Kate Roberts ar lan bedd ei brawd David ym Malta.

74

75

75. Noson Lawen ym mhlasty Llywenni. 'Yr oedd Bob Owen yn siarad yno, a gofynnwyd i mi ddweud gair.'

76. Y Capel Mawr, Dinbych.

77. Yn Ninbych ers chwarter canrif.

76

77

[Handwritten manuscript page:]

Pennod XIII

Y darlun diwethaf

[Yr wyf yn hen — os caf fyw ychydig eto byddaf wedi cyrraedd oed yr addewid. Eisteddaf wrth y tân yn synfyfyrio am yr hyn a sgrifennais, a meddwl faint ohonof fy hun sydd ynddo. Yr wyf yn Ninbych ers chwarter canrif, yn byw mewn tref lle na chlywaf fawr iawn o Gymraeg: hynny sydd yma mae'n Gymraeg sâl. hyd yn oed yn y Capel. A draws y blynyddoedd, o'i hyn a sgrifennais daw lleisiau pobl a allai siarad yn gyhoeddus mewn Cymraeg gyfoethog, a allai weddïo mewn geirfa goeth, 'Cymer ni i Dy nawdd ac i'th amddiffyn sylw. Rhagora ar ein dymuniadau gwael ac annheilwng."

[Pan fûm yn ysgrifennu'r pethau hyn fe gododd y meirw o'u beddau am ysbaid i siarad efo mi fe ânt yn ôl i gysgu eto. Ysgrifennais am fy rhieni a'i alw'n hunangofiant; ond yr wyf yn camu. Fy hanes fy hun yw hanes fy rhieni. Huy fum

78. Agor Ysgol Gymraeg Dinbych, yn Ysgoldy'r Capel Mawr, 1961.

'Yn y trefi mae plant yr Ysgolion Cymraeg wedi eu hamgylchynu gan Seisnigrwydd. Ond mae gennym achos i lawenhau yn yr Ysgolion Cymraeg. Mae yna rai cannoedd o blant heddiw yn gwybod rhywbeth am eu treftadaeth, am lenorion a beirdd Cymru, ac nid am yr Ymerodraeth Brydeinig.'

Erthyglau ac Ysgrifau Beirniadol Kate Roberts, t.223.

79. Kate Roberts a D. J. Williams, Eisteddfod Genedlaethol Abertawe, 1964.

80. Gyda Gwynfor Evans yn y cyfarfod a drefnodd Adran Merched y Blaid i dalu teyrnged i Kate Roberts ym Machynlleth, 1965.

'. . . y lle dan ei sang a'r rhaglen yn cynnwys darlleniadau o'i gwaith, a theyrngedau ar lafar ac ar gân.'

Cassie Davies (sy'n eistedd ar y chwith yn y llun) yn *Kate Roberts: Cyfrol Deyrnged*, t.200.

78

79

80

81

81. Gyda Dora Herbert Jones yng Ngregynog, 1975.

82

82. Twm o'r Nant . . .

83. Agorwyd Ysgol Twm o'r Nant, Dinbych, 23 Ebrill 1968, gan Kate Roberts.

'Oni bai am ei theyrngarwch a'i dyfal barhad hi prin y buasai'r ysgol mewn bod heddiw. A pha ysgol yng Nghymru sydd mor ffodus â chael llenor fel Dr. Kate yn ohebydd y llywodraethwyr?'

Kate Davies, yn *Rhywbeth i gofio Ysgol Twm o'r Nant Dinbych*, t.3.

84. . . . a chynhyrchydd *Tri Chryfion Byd* gyda'i chwmni.

83

85

87

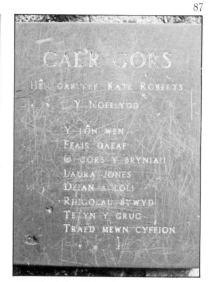

85. Gydag aelodau o'i theulu, adeg ail-agor Cae'r Gors, 1969.

86. Un o'r llechi sy'n addurno parwydydd Cae'r Gors.

*'Anwylir ei hen aelwyd,
Meini llwm ar gomin llwyd.
Yno'r â pererinion
Â theg wrogaeth i hon.'*

Gwilym R. Jones, *Kate Roberts: Cyfrol Deyrnged*, t.12.

87/88. 'Yr oedd yn mynd eto at y mynydd . . . Chwiliodd am y llwybr ond ni allai ei ganfod. Nid oedd dim i'w wneud ond cerdded drwy'r grug. Nid oedd defaid ar y mynydd ychwaith, felly nid rhyfedd nad oedd yno lwybr defaid. . . . O'r diwedd, canfu ei hen gartref.'

Gobaith a Storïau Eraill, tt.90, 91, 92.

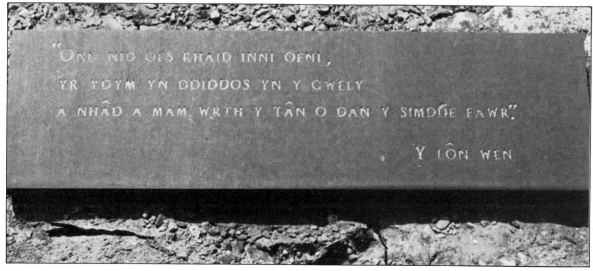

88

89

90

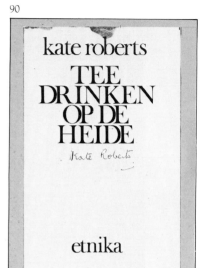

kate roberts

TEE
DRINKEN
OP DE
HEIDE

Kate Roberts

etnika

89. Cinio penblwydd gyda phlant Ysgol Twm o'r Nant, 13 Chwefror 1970.

90. Wyneb-ddalen yr argraffiad Is-Almaeneg o *Te yn y Grug*, 1969.

91. "This is your life," yn y Capel Mawr, adeg ei phenblwydd yn 80 oed:

'Rhown gadwyn o deyrngedau
Am ei gwddf yn emog iau!' —

Gwilym R. Jones yn *Kate Roberts: Cyfrol Deyrnged*, t.13.

91

92

93

Dau fyd Kate Roberts.

92. Angladd yn Arfon, tua throad y ganrif.

93. Hogiau direidus Dinbych heddiw.

94

96

Agorwyd y Theatr hon gan

This Theatre was opened by

Dr Kate Roberts

Hydref 19 1979   October 19 1979

95

97

97. Darn o lythyr, 8 Chwefror 1979

Mewn llythyr dywedasoch wrthyf fod
arnoch eisiau golygu rhyw lyfr arnaf i
Gyngor y Celfyddydau efo lot o luniau ynddo.
Yr wyf wedi cael hyd i amryw o luniau
a byddant yn barod erbyn y dowch yma.
Rhowch wybod pryd. Gobeithio eich bod
yn cartrefu yn eich tŷ newydd. Cawsoch
waith mawr wrth fudo mwy'n siŵr.
Da bod Elin yn hoffi ei hysgol newydd
Gobeithio eich bod yn dal i wella.
Fy nghofion cynnes atoch eich tri
Kate

99

100

101. Y Lôn Wen.

101

Rhai dyddiadau

1891	Geni Kate Roberts, ym Mryn Gwyrfai, Rhosgadfan, Sir Gaernarfon.
1904-10	Mynychu Ysgol Sir, Caernarfon.
1910-13	Myfyrwraig yng Ngholeg Prifysgol Gogledd Cymru, Bangor.
1913-14	Athrawes yn Ysgol Elfennol Dolbadarn, Llanberis.
1915-17	Athrawes Gymraeg, Ysgol Sir Ystalyfera, Sir Forgannwg.
1917-28	Athrawes Gymraeg, Ysgol Sir y Merched, Aberdâr, yn yr un Sir.
1925	Cyhoeddi ei chyfrol gyntaf o straeon byrion, *O Gors y Bryniau.*
1927	Cyhoeddi *Deian a Loli.*
1928	Priododd Kate Roberts â Morris T. Williams, brodor o'r Groeslon, Sir Gaernarfon.
1929-31	Symud i Riwbeina, a wedyn i Donypandy.
1929	Cyhoeddi *Rhigolau Bywyd a Storïau Eraill.*
1930	Cyhoeddi *Laura Jones.*
1935	Symud i Ddinbych; prynu Gwasg Gee a'r *Faner.*
1936	Cyhoeddi *Traed Mewn Cyffion.*
1937	Cyhoeddi *Ffair Gaeaf a Storïau Eraill.*
1946	Marw ei phriod.
1949	Cyhoeddi *Stryd y Glep.*
1950	D. Litt. Prifysgol Cymru.
1956	Ymddeol o'i gwaith yn swyddfa'r *Faner.*
1956	Cyhoeddi *Y Byw sy'n Cysgu.*
1959	Cyhoeddi *Te yn y Grug.*
1960	Cyhoeddi *Y Lôn Wen,* darn o hunangofiant.
1961	Cyflwynwyd iddi Fathodyn Anrhydeddus Gymdeithas y Cymmrodorion.
1962	Cyhoeddi *Tywyll Heno.*
1964	Cyhoeddi *Hyn o Fyd.*
1967	Cyhoeddi *Tegwch y Bore.*
1968	Prif Wobr Cyngor Celfyddydau Cymru.
1968	Agor Ysgol Twm o'r Nant, Dinbych, yr ysgol gynradd Gymraeg y bu hi'n ysgrifennydd ei phwyllgor.
1969	Cyhoeddi *Prynu Dol a Storïau Eraill.*
1969	Cyhoeddi *Kate Roberts: Cyfrol Deyrnged,* (gol. Bobi Jones).
1972	Cyhoeddi *Gobaith a Storïau Eraill.*
1974	Cyhoeddi *Kate Roberts* gan Derec Llwyd Morgan yng nghyfres 'Writers of Wales'.
1976	Cyhoeddi *Yr Wylan Deg.*
1976	Cyhoeddi *Enaid Clwyfus: Golwg ar Waith Kate Roberts* gan John Emyr.
1978	Cyhoeddi *Erthyglau ac Ysgrifau Llenyddol Kate Roberts,* (gol. David Jenkins).

Ffynonellau

Casgliad personol Kate Roberts: rhifau 1, 6-8, 11-13, 19, 25-6, 28-31, 33-4, 38-9, 42-8, 50, 53-7, 60-2, 64, 66, 68-70, 72, 74-5, 78-81, 83-85, 89, 91, 99, 100.

Gwasanaethau Addysgol a Thechnegol Sir Clwyd: 4-5, 10, 14, 20-2, 58-9, 63, 76, 86-8, 93-6, 98.

Llyfrgell Genedlaethol Cymru, 2-3, 9, 15-18, 32, 35, 36-7, 40-1, 49, 51-2, 65, 67, 71, 73, 77.

Archifdy Gwynedd: 23-4, 82, 92.

Llyfrgell Coleg y Gogledd, Bangor: 27.

Diolchiadau

Drwy law Mr Norman Williams y derbyniais wahoddiad Panel Llenyddiaeth Cymdeithas y Celfyddydau yng Ngogledd Cymru i lunio'r gyfrol hon. Bu ef o gymorth ymarferol i mi.

Dymunaf gydnabod hefyd gymorth Mr John Idris Owen o Adran Gwasanaethau Addysgol a Thechnegol Sir Clwyd; Mr Milwyn Griffiths, Llyfrgell Genedlaethol Cymru; Mr Gareth Haulfryn Williams, Archifdy Gwynedd; Mr Tomos Roberts, Llyfrgell Coleg y Gogledd; a Miss Kate Davies, prifathrawes Ysgol Twm o'r Nant, Dinbych.

Rhoddodd Dr Kate Roberts ei hun lond bocs go fawr o luniau imi fynd drwyddo wrth fy mhwysau. Oni bai am ei haelioni hi, ni welsai'r gyfrol hon olau dydd.

Canmil diolch iddynt bob un.

Golygydd